Antoine EDO

Le fou de la politique

Antoine EDO

Le fou de la politique

Dictus Publishing

Roman

Le fou de la politique

Antoine Edo

Mot d'auteur

Sachant que la société humaine nomme « fou » celui qui est plus libre de s'exprimer, le fou donc ne se donne aucune limite. Aucune !

Il n'y a que le fou qui peut critiquer – à travers la satire - les actions des leaders politiques qui ne cherchent qu'à se faire un nom, une image, une réputation, un confort, une histoire glorieuse…partout où ils sont : Afrique, Europe, Asie, Amérique, Australie.

Les avis versatiles des temps qui tanguent,

Les peuples qui ploient sous le poids des galères,

L'homme politique n'aspire qu'à son bonheur personnel

Tout en prônant qu'il est à la recherche du bien communautaire.

Notons que mon retour à la pratique politique ne sera possible qu'à ma candidature. Car plus jamais je ne prêcherai encore pour faire grandir et grossir la case voisine.

Ces mots sont destinés aux amis d'hier.

Nos domaines ne vont plus ensemble.

Sans rancune.

Bon vent !

Hommage à un aîné

Je voudrais ici saluer, respectueusement, l'aîné Bandama Kouakou Maurice.

Anciennement Ministre de la Culture et de la Francophonie, aujourd'hui Ambassadeur de la Côte d'Ivoire en France.

Je salue avec admiration le courage avec lequel très tôt, l'homme a choisi de marcher avec les Républicains dans le département de Taabo et sur tout le territoire ivoire. Ce courage qui a vraiment payé.

Pour nous les plus jeunes, Bandama Kouakou Maurice est un exemple à suivre, chacun dans son domaine social, culturel, politique, économique. Cette folie qui est loin de la démence est une école, un chemin comme l'est le fleuve Bandama.

Coule abondamment, coule à jamais, Aîné !

Le fou de la politique

1ère Partie : La phase d'initiation

J'ai entendu un jour ma grand-mère dire que tout s'apprend. Sans autre forme d'explication, j'ai compris depuis ce jour-là que dans la vie sur terre, tout s'apprend. Au point que j'ai commencé à donner des exemples. L'enfant qui naît apprend à faire les quatre pattes, à marcher, à parler. Ainsi de suite jusqu'à ce qu'il devienne HOMME. Mais on n'apprend pas à mourir !

Le premier jour n'est jamais facile mais on apprend plus tard à aller à l'école ; et à l'école, on apprend à lire et à écrire. Disons que comme l'a dit la grand-mère, « tout s'apprend ». Notre pays - la Côte d'Ivoire - à un moment donné, a été confronté à de nombreuses crises militaires, crises sociales, crises politiques et autres. Peut-être qu'on apprenait ainsi à être démocratique, ou en voie de développement ?

Pour l'aspect politique qui nous intéresse ici, je vais m'accentuer sur la crise causée par le coup d'Etat militaire du 24 décembre 1999. Surement qu'avant 1999, il y a eu d'autres crises ; mais je cite celle-là parce que j'ai été témoin car j'étais déjà bachelier et étudiant à l'université. On pouvait donc déjà me compter parmi les intellectuels de notre état.

Ce coup d'Etat qui a fait sauter le président démocratiquement élu, Monsieur Henri Konan Bédié. Lequel coup d'Etat aura permis d'installer le Général Guéi Robert à un pouvoir d'Etat dit militaire qui a fait vivre des moments tellement difficiles aux populations qu'elles attendaient que soient organisées les élections pour que le pouvoir revienne aux civiles.

On vous fait l'économie de quelques détails sur le départ de certains militaires faiseurs du coup d'Etat à l'ouest du pays, précisément dans le village – Gouessesso - pour aller chercher le général Guéi Robert le jour même de la déclaration de la junte et le démarrage des démarches devant aboutir à la formation de son gouvernement dit CNSP.

A ce niveau déjà, il y a tellement de choses à évoquer au passage :

- ➢ Le dernier discours bilan de fin d'année du président Bédié à l'Assemblée nationale de Côte d'Ivoire.

- Le président de la République, monsieur Henri Konan Bédié qui n'écoutait pas beaucoup ses conseillers. Il y a eu tellement de témoignages à ce sujet.

- On est assez bien informé au sujet de quelques malentendus entre le général Guéi Robert et le chef d'Etat-major de l'armée de terre, ce monsieur au nom symbolique, le général Tauthui Marius chez qui même le coup d'Etat avait commencé car – dit-on - les ''jeunes gens'' étaient chez lui et l'un d'eux aurait reçu une balle dans une jambe depuis sa fenêtre.

- Il y avait aussi un problème - des malentendus - entre le pouvoir politique et la jeunesse surtout les étudiants et leur mouvement syndical qu'était la Fesci c'est-à-dire Fédération Estudiantine et Scolaire de Côte d'Ivoire.

- Ne nous attardons même pas sur une histoire de primes impayées des jeunes militaires rentrés de mission en Centrafrique.

Il faut signaler à ce niveau que le président Bédié supportait difficilement l'idée d'une Fesci car une conférence de presse avait été programmée par la Fesci à Yopougon. Le pouvoir a fait descendre la police à cet endroit et nous- étudiants - avions perdu beaucoup de choses ce jour-là.

Figurez-vous, à cette époque, le Secrétaire général de la Fesci qu'était XXXX, un proche du leader de l'opposition et grand rival politique d'Henri Konan Bédié, du nom de Gbagbo Laurent. Vous comprenez donc pourquoi ?

- Il y avait déjà un quiproquo entre le président Bédié et le général Guéi Robert depuis le décès du président Félix Houphouët-Boigny.

Notons à titre de précision qu'à la mort du Président de la République que nous appelions affectueusement Nanan Félix Houphouët-Boigny ou le père de la Nation ivoirienne, le Président de l'Assemblée Nationale de Côte d'Ivoire était monsieur Henri Konan Bédié.

Selon la Constitution à cette époque, dès qu'il y a vacance au niveau du pouvoir exécutif, au niveau de la présidence de la république, c'était au président de l'Assemblée nationale qu'il revenait d'assurer l'intérim pour terminer le mandat du Président de la république. La Constitution était claire et précise à ce niveau.

Mais au moment du décès du Président Félix Houphouët-Boigny qui avait été malade depuis quelques mois, son premier ministre était Alassane Dramane Ouattara. Les détails qui nous sont parvenus de certaines sources bien introduites laissent entendre que les choses ne se sont pas passées aussi facilement, aussi constitutionnellement.

Surtout que cette période a été éprouvée par la dévaluation du franc CFA en Côte d'Ivoire et dans les pays africains qui utilisent cette monnaie à partir de Janvier 2000. Les commentaires qui ont suivi ont laissé entendre beaucoup de choses : des bonnes et des mauvaises.

Selon le type de lien, le type de rapport qui lie chacun au pouvoir, les commentaires sont faits en soutien ou en désapprobation.

Du coup, la crise politique en Côte d'Ivoire est suivie d'une crise économique. Les plus aisés sont mal vus, critiqués et condamnés pour le moins verbalement.

A l'annonce du décès du Président Félix Houphouët-Boigny, n'eut été la perspicacité de certains hommes forts du régime ou du parti, Bédié ne serait jamais devenu le président de ce pays ce jour-là.

Il y avait tellement de personnes qui visaient le fauteuil présidentiel. Surtout le premier ministre qu'était Alassane Dramane Ouattara. Alors que rien, non… rien du tout ne l'autorisait à accéder à ce poste. Surtout pas la constitution.

Dieu merci, tout est rentré dans l'ordre.

Le pouvoir d'Etat a fonctionné semble-t-il normalement jusqu'au coup d'Etat qui a fait sauter le président Henri Konan Bédié du pouvoir. Mais là encore, on devrait pouvoir analyser les choses à travers certaines interrogations :

> D'où est venu ce coup d'Etat ?
> Quel est le problème véritable qui n'a pas eu de solution à travers des discussions ?
> Est-ce que les intentions inachevées au décès du père de la nation ne sont pas cachées derrière la colère des militaires revenus d'une mission en Centrafrique ?

Les militaires se sont donc installés à la présidence avec Guéi Robert à leur tête.

Quelques temps après, le général Guéi Robert et l'ensemble des membres forts du CNSP ont constitué le gouvernement.

Voici donc la composition du gouvernement de transition :

Le gouvernement de transition Gueï Robert, créé le 4 janvier 2000, par décret n°2000-02.

- Président de la République, ministre de la Défense : Robert Guéï

- Ministre d'Etat chargé de la Sécurité : Lassana Palenfo
- Ministre d'Etat chargé des Infrastructures et des transports : Abdoulaye Coulibaly
- Ministre d'Etat chargé de la Panification, du développement et de la coordination du gouvernement : Seydou Diarra

- Ministre des Relations extérieures : Christophe M'Boua
- Ministre de l'Intérieur et de la décentralisation : Issa Diakité
- Garde des Sceaux, ministre de la Justice : Essy N'Gatta
- Ministre de l'Economie et des finances : N'Golo Coulibaly
- Ministre de la Francophonie et de la culture : Henriette Diabaté
- Ministre de l'Agriculture et des ressources animales : Luc Koffi

- Ministre du Commerce, de l'industrie et du tourisme : Daniel Anikpo
- Ministre de la Santé et de la protection sociale : Moriféré Bamba
- Ministre de l'Enseignement supérieur et de la recherche scientifique : Bailly Seri
- Ministre de l'Education nationale : Michel Amani N'Guessan
- Ministre de l'Enseignement technique et de la formation professionnelle : Léon Emmanuel Monnet
- Ministre de la Communication : Lévy Niamké
- Ministre de la Construction et de l'environnement : Vincent Lohoues
- Ministre de l'Emploi et de la fonction publique : Hubert Oulaye
- Ministre des Mines et de l'énergie : Daouda Thiam
- Ministre de la Solidarité et de la promotion de la femme : Constance Yaï
- Ministre de la Jeunesse et des sports : Mathias Doué
- Directeur générale de l'administration et du territoire : Konaté Soualiho
- Aide de camp : Col. Fabien Coulibaly

Il y a 21 ans, Général de Brigade Gueï Robert , formait son Gouvernement

La presse nationale et la presse internationale n'ont pas manqué de pérenniser tous ces faits et gestes.

Nous avons pu retrouver quelques écrits.

« CÔTE-D'IVOIRE: LE GENERAL PERE-NOEL n° 88 - Été 2000

Entretien avec Robert Guei, Chef du Conseil national de salut public de la République de Côte d'Ivoire (CNSP), instauré après par Stephen Smith, Professeur d'études africaines à l'Université Duke (États-Unis). Auteur, entre autres publications, de : La Ruée vers l'Europe. La jeune Afrique en route pour le Vieux Continent, Grasset, 2018.

Le 24 décembre 1999, les militaires en révolte contre l'autorité du président Henri Konan Bédié sont venus chercher Robert Gueï au village pour lui demander de prendre la tête de leur mouvement. Celui-ci s'est ainsi mué, du jour au lendemain, en «général-Père Noël».

Son coup de force a en effet permis à la Côte d'Ivoire de sortir, sans effusion de sang, d'une situation de blocage qui avait chauffé jusqu'à l'incandescence le thème identitaire de «l'ivoirité» et conduit en prison la totalité de l'état-major du parti d'Alassane Ouattara - l'une des figures de l'opposition.

Le nouvel homme fort de la Côte d'Ivoire - âgé de 59 ans et né à Kabakouma, dans l'ouest du pays - a été acclamé comme un «libérateur» par ses concitoyens. Quant à Alassane Ouattara, il est rentré au pays à la faveur du putsch. Cet ancien premier ministre et candidat écarté de la présidentielle de 1995 pour cause de «nationalité douteuse» a alors exalté la prise de pouvoir des militaires en évoquant une «Révolution des œillets» à l'ivoirienne.

Six mois plus tard, cependant, Alassane Ouattara est de nouveau menacé d'ostracisme électoral. Ses partisans vilipendent le général Gueï et le traitent de «Père fouettard» installé à la tête d'une junte.

La pomme de discorde réside dans la nouvelle Constitution qui doit être adoptée le 23 juillet par référendum. Elle exige des candidats à la présidence qu'ils ne se soient jamais «prévalus d'une nationalité autre qu'ivoirienne». En tant qu'ancien fonctionnaire international ayant travaillé, dans le passé, pour le compte de la Haute Volta (l'actuel Burkina Faso), Alassane Ouattara semble directement visé par cette disposition.

Originaire du nord de la Côte d'Ivoire, autrement dit de la zone de contact (à majorité musulmane) avec les pays sahéliens qui sont, traditionnellement, les réservoirs d'une forte immigration, l'opposant cristallise sur sa personne une tension grandissante, à la fois nationaliste et religieuse. A telle enseigne qu'un nouveau rejet de sa candidature serait ressenti, en particulier dans le nord et dans les milieux issus de l'immigration, comme un signe d'exclusion.

Le retour programmé à l'ordre constitutionnel, avec l'élection présidentielle du 17 septembre et les législatives du 8 octobre prochain, pourrait, du coup, être mis en péril.

Qui est Robert Gueï ?

Saint-Cyrien, diplômé de l'école de guerre de Paris, il est nommé chef d'état-major de l'armée par l'ex-président Houphouët-Boigny en 1990, c'est-à-dire en pleine effervescence pour la démocratisation de la Côte d'Ivoire.

En mai 1991, une brutale descente sur le campus universitaire d'Abidjan de l'unité d'élite de parachutistes (FIRPAC) qu'il avait lui-même créée vaut à Robert Gueï une réputation de bras armé de la répression. Mais après la mort du père de l'indépendance ivoirienne, dans le contexte agité de la présidentielle de 1995, «activement boycottée» par les principaux partis de l'opposition, le chef d'état-major acquiert une aura de militaire républicain.

Au président Henri Konan Bédié, successeur d'Houphouët-Boigny, qui lui demande de réquisitionner les forces armées pour assurer le maintien de l'ordre, le général Gueï fait cette réponse cinglante :

«Je ne vois pas pour quelles raisons l'armée irait s'exciter dans la rue. L'armée n'intervient que lorsque la République est en danger ».

Le général est alors écarté, puis inculpé pour atteinte à la sûreté de l'Etat. Mais son procès n'aura jamais lieu. Radié des registres de l'armée en janvier 1997, il est «amnistié» par le président Henri Konan Bédié en septembre 1999, sans pour autant être réintégré. Trois mois plus tard, le putsch de Noël porte Robert Gueï à la tête d'un Conseil national de salut public (CNSP).

L'actuel chef du pouvoir militaire en Côte d'Ivoire nourrit-il des ambitions présidentielles?

Il s'en cache à peine, même s'il préfère, pour se déclarer officiellement, attendre le référendum constitutionnel - qu'il voit comme un plébiscite en faveur de sa personne. Pendant les six mois qui ont suivi le coup d'Etat, le général Gueï a gouverné la Côte d'Ivoire, d'abord depuis le camp Gallieni, siège de l'état-major de l'armée; ensuite depuis la «primature», l'hôtel réservé au chef du gouvernement; et, enfin, depuis le palais de la présidence de la République où il s'est installé la veille de cet entretien. Tout un symbole?

Stephen Smith - *Le premier référendum de l'histoire de la Côte d'Ivoire aura lieu le 23 juillet. Vous soumettez à l'approbation populaire une nouvelle Constitution, de type présidentiel, dont la disposition la plus controversée stipule qu'un candidat à la magistrature suprême ne doit jamais s'être « prévalu d'une nationalité autre qu'ivoirienne ». Pourquoi avez-vous décidé d'inscrire cette condition d'éligibilité dans la loi fondamentale ?*

Robert Gueï - Ce n'est pas moi qui ai pris cette décision. Elle est le fruit d'une large consultation. Pour délibérer sur des questions aussi essentielles, nous avons fait venir, de chacun des dix départements que compte notre pays, deux délégués désignés par l'administration - sans oublier des dignitaires religieux, des opérateurs économiques, des représentants des syndicats, des étudiants et, bien sûr, des responsables politiques.

Cet échantillon représentatif de la Nation a siégé au sein d'une commission consultative chargée d'élaborer le texte de la future Constitution. Tout a été fait pour dégager un consensus mais, lorsqu'il y avait un désaccord persistant, on a recouru au vote. Ce fut le cas pour la disposition que vous évoquiez il y a un instant et qui a été adoptée par 71 voix contre 4. Quant à moi, je n'ai fait qu'entériner ce qui avait été décidé à une écrasante majorité. Et je ne vois pas comment j'aurais pu faire autrement.

S.S. - Vous avez tout de même pris sur vous de changer une autre clause restrictive d'éligibilité - celle qui prévoyait que le candidat à la présidence de la République devait être ivoirien, de père et de mère eux-mêmes ivoiriens...

R.G. - C'est exact. J'ai assoupli cette condition en remplaçant le « et » par un « ou », afin que la Côte d'Ivoire reste fidèle à elle-même et demeure ce pays d'ouverture, cette terre d'accueil qu'elle a toujours été. J'ai eu le sentiment que cette exigence de la double filiation ivoirienne constituait un pas en arrière, un déni de l'héritage que nous a légué Félix Houphouët-Boigny, le père de la Nation.

Il faut, par exemple, se souvenir que lors de la guerre civile au Libéria au début des années 90, Houphouët n'avait même pas voulu, comme il disait alors, qu'on « dresse des tentes de réfugiés » en Côte d'Ivoire.

« Accueillez vos frères en détresse chez vous, dans vos cases », a-t-il demandé et, de fait, les Nations unies n'ont jamais eu à installer de camps dans l'ouest de la Côte d'Ivoire, malgré l'arrivée de quelques 200 000 Libériens. C'est cet état d'esprit qu'il faut, me semble-t-il, préserver.

Notre pays s'est développé avec l'apport de nos frères et sœurs de la région, qui sont venus chez nous et, souvent, y sont restés. Ils se sont mélangés aux Ivoiriens et il ne serait pas bon d'exclure les enfants issus de ces mariages mixtes. Comment peut-on parler d'intégration régionale et, en même temps, fermer la porte à la seconde génération issue de l'immigration ? Il faut être cohérent... »

Voilà une idée assez claire de la vision politique sous régionale du père de la Nation que partage le général Robert Guéi.

Un autre journal est allé vers lui et a affiché le titre « Robert Gueï face à son passé ». Avant de développer :

« L'ancien homme fort de la junte militaire ivoirienne a finalement accepté de participer à une séance de rattrapage du Forum de réconciliation nationale, lundi 26 novembre. Portrait d'un militaire entré par effraction en politique ».

« Le 24 décembre 1999, les Ivoiriens assistent stupéfaits au premier coup d'Etat de leur histoire. Le jour même, le nouvel homme fort du pays, le général Robert Gueï, apparait en tenue militaire à la télévision nationale, entouré des jeunes mutins qui viennent de chasser le président Henri Konan Bédié. Ces images ont fait le tour du monde, laissant incrédules tous ceux pour qui la Côte d'Ivoire constituait, jusque-là, un îlot de stabilité dans la région. Dans de nombreux quartiers d'Abidjan, la capitale économique, la nouvelle est accueillie par des cris de joie, après des mois de tension politique, sur fond d'affaires de corruption impliquant l'entourage du chef de l'Etat déchu.

Nous sommes venus balayer la maison», assure alors un Robert Gueï jurant qu'il raccrochera, une fois sa mission accomplie. Il en veut pour preuve la formation d'un gouvernement incluant les principaux partis du pays qui acceptent de participer à son entreprise «d'assainissement» de la Côte d'Ivoire. Mais au fil des mois, les Ivoiriens commencent à comprendre que, sous ses airs austères, le général prend goût au pouvoir.

Délaissant progressivement le treillis pour le costume-cravate, le président du Comité national de salut public (CNSP) devient omniprésent, notamment à la télévision qui couvre abondamment le moindre de ses déplacements. Pire, les sujets de tension, qui ont provoqué le «putsch de Noël», ressurgissent. A commencer par la polémique autour du leader du Rassemblement des républicains (RDR) Alassane Dramane Ouattara.

Celle-ci prend même une ampleur inégalée, avec le débat sur la nouvelle constitution, qui porte essentiellement autour de la nationalité de l'opposant, jugée douteuse par ses adversaires.

Liaisons dangereuses avec Charles Taylor

La transition militaire, émaillée de plusieurs tentatives réelles ou supposées de coup d'Etat, souvent l'occasion de multiples violations des droits de l'homme, est censée s'achever pacifiquement avec les élections présidentielles du 22 octobre. Or, non seulement deux des principaux leaders politiques, Alassane Dramane Ouattara et Henri Konan Bédié, en sont exclus par une Cour suprême aux ordres, mais le général-président refuse d'admettre la victoire du vieil opposant et leader du Front populaire ivoirien (FPI) Laurent Gbagbo.

Personne en Côte d'Ivoire n'oubliera les journées du 24 et 25 octobre 2000, lorsque la foule a envahi les rues d'Abidjan pour réclamer le départ de Robert Gueï, face à une garde présidentielle tirant à balles réelles sur des jeunes gens sans armes. Et encore moins les violents affrontements qui ont immédiatement suivi entre militants du RDR, d'une part, et les partisans du FPI et l'armée, d'autre part, faisant plus de 200 morts et des milliers de blessés.

Chassé par la rue et une armée qui a tourné casaque, Robert Gueï vit, depuis, retranché dans son village de Gouessesso, dans l'Ouest, avec un carré de fidèles. Et s'il a fini par admettre la victoire de l'actuel président, le chef de l'ex-junte nie toute responsabilité dans ces événements sanglants, qu'il attribue largement à l'actuel chef de l'Etat. Il reste tout aussi discret sur son bilan économique, déjà inquiétant à son arrivée mais catastrophique à son départ du palais présidentiel.

Comme Alassane Ouattara, le général a d'abord boudé le Forum de réconciliation nationale, ouvert le 8 octobre et visant à mettre fin à une longue période de tension. A l'instar du leader du RDR, il a aussi décliné l'invitation au «grand oral» du 13 novembre, censé permettre aux principaux leaders politiques de s'expliquer.

Mais pas pour les mêmes raisons. Si l'ancien Premier ministre refusait de se rendre en Côte d'Ivoire sans un nouveau certificat de nationalité en poche, Robert Gueï réclamait essentiellement la restauration de sa résidence abidjanaise et la reconnaissance officielle de son statut d'ancien chef de l'Etat.

Alors que les débats publics du Forum sont officiellement clos, il a finalement accepté de participer à une séance de rattrapage, ce lundi 26 novembre, sur pression, dit-on, des chefs traditionnels, et le conseil avisé du président togolais Eyadema. Robert Gueï, qui avait déjà beaucoup à se faire pardonner, pourrait avoir à s'expliquer sur un nouveau dossier brûlant.

Selon le dernier rapport d'un groupe d'experts de l'ONU sur le Liberia, une cargaison de 113 tonnes d'armes a été livrée au régime de Monrovia, via Abidjan, entre juillet et septembre 2000, avec son aval.

Le document en question révèle, en outre, que l'ancien homme fort de la Côte d'Ivoire a reçu l'aide de membres de l'Unité anti-terroriste de Charles Taylor, alors qu'il faisait face à une tentative de coup d'Etat courant septembre 2000. Ces éléments confirment les liens étroits entre Gueï et Taylor, qui remontent au début des années 90, mais alourdissent surtout le passif d'une transition militaire calamiteuse ».

Papier signé par Christophe Champion

La presse nationale n'est pas restée hors du sujet. Partageons ici quelques années plus tard, cet autre article « Made in Côte d'Ivoire » publié le mardi 22 décembre 2009, par **Le Temps.**

Titre : « 10 ans après le coup d'Etat de 1999 : Ce que sont devenus les auteurs du putsch contre Bédié ».

« Les membres du comité national du salut public (CNSP) ont fait la pluie et le beau temps pendant la transition militaire de 1999. Dix ans après, Le Temps Hebdo est allé sur les traces des douze "pères de Noël" qui ont renversé Henri Konan Bédié. Afin de savoir ce qu'ils sont devenus.

Feu général Robert Guéi

Le général Robert Guéi a pris le pouvoir le 24 décembre à la suite de la mutinerie des militaires.

Selon lui, il était assis dans son village lorsque les jeunes gens sont allés le chercher. Il a promis remettre le pouvoir aux civils. Malgré les conseils de certaines personnalités, l'homme n'a pas tenu parole. Il s'est porté candidat à la présidentielle d'octobre 2000. Il a perdu. Mais il a refusé de partir. Il voulait se maintenir par la force. Un soulèvement populaire le contraint à quitter le pouvoir. A la suite des événements du 19 septembre 2002, il est tué. Personne ne connaît ses meurtriers. Le général Robert Guéi repose désormais au sein du caveau construit dans l'enceinte de sa résidence de l'Indénié au Plateau.

Intendant général Lassana Palenfo

Il était N°2 du CNSP. Il occupait le poste de ministre de l'Intérieur et de la Sécurité. C'était l'un des pions d'Alassane Dramane Ouattara pour contrôler le général Robert Guéi. La preuve, après quelques mois de collaboration, il est soupçonné par Guéi de vouloir le renverser. Il trouve refuge à l'Ambassade du Nigeria en Côte d'Ivoire.

Il faut dire que c'est un pratiquant des arts martiaux. Il est maître de judo 4e dan. Après la transition, il se consacre à l'olympisme national. Il est le patron de l'association des comités nationaux olympiques d'Afrique. Depuis l'éclatement de la crise du 19 septembre 2002, il vit en exil, on ne sait pas pourquoi. D'ailleurs, c'est dans les médias qu'il tient des discours enflammés. Il s'est même proposé de vouloir diriger une transition sans Laurent Gbagbo.

Général Abdoulaye Coulibaly

Il occupait le poste de N°3 au sein du CNSP. Il était également ministre des Transports. Tout comme Palenfo, il est aussi un fervent partisan d'Alassane Dramane Ouattara. Sa tête a été mise à prix par le patron du CNSP. Parce qu'il voulait perpétrer un coup de force. Il a également trouvé refuge à l'Ambassade du Nigeria en Côte d'Ivoire.

L'ex- pilote de feu Félix Houphouët- Boigny est resté au pays. Il continue de pratiquer le tennis, son sport préféré, pour dit-on maintenir la forme. Il vit effacé. Il ne fait aucun bruit. Ce dernier ne paraît que lors des mariages ou des funérailles. Des chefs d'Etat africains le sollicitent pour l'entretien de leurs aéronefs. Cette consultance l'amène à se déplacer régulièrement dans la sous- région.

Général Mathias Doué

Pendant la mutinerie des jeunes soldats, il est sollicité par Henri Konan Bédié. Afin de mener la discussion avec les "mutins". Vite, il change de position. Parce qu'il s'est rendu compte qu'il était dans le mauvais camp. Il glisse alors dans le camp de ceux qui vont prendre le pouvoir le 24 décembre 1999.

Pendant les campagnes pour les élections d'octobre 2000, il soutient le général Robert Guéi. Mais lorsque Guéi tente de confisquer le pouvoir par la force, après les résultats lui donnant perdant, "le Chinois" se met aux côtés du peuple.

Il demande à son frère d'armes de quitter le pouvoir. Il est nommé par la suite chef d'Etat-major des Forces de Défense et de Sécurité. Il était adulé par les Ivoiriens. Mais suite aux événements de novembre 2004, il est évincé.

Il a vécu hors de la Côte d'Ivoire précisément au Ghana. Un parti politique l'avait désigné comme son candidat à la présidentielle. Mais il n'a pas fait acte de candidature. Ce parti a donc décidé de soutenir Ouattara. Aujourd'hui, il n'est plus.

Capitaine de vaisseau Henri César Sama

Il a été ministre de la Communication pendant la transition militaire. Il s'est fait remarquer par ses déclarations. Il fait partie des tout premiers membres du comité national du salut public à avoir abandonné le général Robert Guéi qui voulait s'accaparer du pouvoir après l'élection présidentielle d'octobre 2000. La transition terminée, il est nommé attaché militaire en Russie. Actuellement, il exerce sa fonction d'attaché militaire en Afrique du Sud.

Général Pascal Konan

On ne l'attendait pas au sein du CNSP. Mais c'est dans un souci d'équilibre de la présence des différentes forces au sein du mouvement qu'il a été nommé. Il est de la Gendarmerie nationale. Il avait même été arrêté au lendemain du coup d'Etat. C'est à la demande de l'ex-président du CNSP qu'il a été nommé. Depuis la fin de la transition militaire, l'homme est à la retraite. Il ne se fait pas remarquer. Il vit effacé.

Lt-colonel Mouassi Grena

Il ne passait pas inaperçu à cause de sa barbe blanche. Mais il ne faisait pas de bruit. Avant de rejoindre le village, il vivait à Williamsville. Il fait des affaires. Il possède des taxis communaux appelés Wôrô-Wôrô. En plus, il est propriétaire d'une grande plantation chez lui, à Oumé.

Saint-Cyr Djikalou

Ce capitaine de corvette parle plusieurs langues. A savoir l'anglais, le français, l'espagnol et le suédois. Après la transition militaire, il se trouve en Angleterre. Il représente la Côte d'Ivoire au sein de l'organisation internationale du cacao (Icc). Il travaille dans la discrétion.

Zohin Honoré

Ce maître principal est plus connu dans le milieu du Show-Biz. Il faisait la promotion de la danse "Mapouka". C'est par le fait du hasard, dit-on, qu'il s'est retrouvé au bon moment sur les lieux de la répartition des postes au CNSP. Il est nommé ministre des Eaux et Forêts. Il séjourne depuis la fin de la transition hors de la Côte d'Ivoire. Il serait même aux Etats-Unis. Pendant le déclenchement de la crise, il a tenu des propos orduriers à l'endroit du régime d'Abidjan. Aux dernières nouvelles, il se serait confié au Seigneur. Il a, dit-on créé une église à Yopougon avec le soutien de partenaires américains.

Boka Yapi

Ce lieutenant a fait la pluie et le beau temps pendant la transition militaire. Il semait la terreur. Les populations et des officiers supérieurs avaient peur de lui. Il était l'homme de main du général Guéi. Il était chargé de nettoyer l'entourage de l'ex-président du CNSP. En clair, c'était l'élément des sales besognes. Lorsque les Ivoiriens se sont levés pour arracher le pouvoir des mains de Guéi, qui voulait le confisquer après sa défaite, il a été chargé de les mâter. Après ses boucheries, au Bénin. Il meurt dans ce pays, dans des conditions tristes ».

* * * * *

Aujourd'hui on peut le dire sans risque de se faire attaquer ou emprisonner. On peut s'exprimer librement au sujet de ce pouvoir militaire et brutal que nous avons connu.

On se souvient de PC Crise ?

Sous Guéi, c'était vraiment difficile de dire ce qu'on pense. Tous les avis qui n'allaient pas dans le sens de caresser le régime étaient brimés.

Il y avait en France un journal en ligne du nom de « Charly Hebdo », qui est spécialisé dans les dessins, les caricatures satiriques. Ils avaient fait une caricature du général quand il avait commencé à changer.

En effet, quand Guéi était arrivé au départ, il avait dit qu'il était venu balayer la maison et qu'après, il irait. Quand le général a commencé à ne plus porter les treillis mais plutôt les costumes, Charly Hebdo a publié une caricature du « général dribleur » qui abandonnait le balai pour jouer au football avec un ballon à côté de lui sur cette image. On a aussi compris qu'il venait de se rendre compte que le pouvoir politique est juteux.

Combien de fois ses éléments - zélés - se sont mis à chercher le siège de ce journal satirique à Abidjan ?

Heureusement, les militaires sont arrivés en retard. Le journal a été informé des intentions du pouvoir militaire et s'est réorganisé autrement.

Mais avec le temps, on a vu et su comment les choses se sont terminées pour le général Robert Guéi ! On vient de lire en termes de bilan du CNSP que « le général Robert Guéi repose désormais au sein du caveau construit dans l'enceinte de sa résidence de l'Indénié au Plateau ».

On est tenté de dire : « Que son âme repose en paix ! »

Le président Félix Houphouët-Boigny a été mis en terre chez lui à Yamoussoukro ;

Le président Henri Konan Bédié a été mis en terre chez lui à Daoukro ;

Et c'est le corps de l'homme Général Guei Robert, né à Kabakouma, dans l'ouest du pays, qui se retrouve aujourd'hui à Abidjan-Plateau !

En effet, à la suite des événements d'un 19 septembre 2002, il a été tué on ne sait par qui puisqu'on ne connaît pas ses meurtriers. Le général Robert Guéi repose désormais au sein du caveau construit dans l'enceinte de sa résidence de l'Indénié au Plateau.

Encore une fois, que son âme repose en paix !

19 septembre 2002 - 19 septembre 2024 : Un souvenir tragique d'un septembre noir

Le 19 septembre 2002 marque un tournant tragique dans l'histoire de la Côte d'Ivoire. Ce jour-là, un ancien chef d'État, le général Robert Guéi, responsable du coup d'État de décembre 1999, est assassiné. Dans un contexte de violence, le ministre de l'Intérieur, Boga Doudou, est également tué. La nuit du 18 au 19 septembre, les Colonels Daly Oblé et Dagrou Loula, commandants militaires des régions de Bouaké et de Korhogo, perdent la vie face aux assaillants.

Au moment où les armes crépitent, déchirant le silence de la nuit, le président Laurent Gbagbo se trouve en visite en Italie. Informé de l'attaque, il prend immédiatement la décision de regagner la Côte d'Ivoire en urgence.

Dès son retour, Gbagbo Laurent convoque des réunions d'urgence avec ses conseillers et les forces de sécurité. Il appelle à la résistance et mobilise ses partisans pour faire face à cette menace. Dans un discours télévisé, il exhorte la population à rester unie face à l'adversité et à défendre la démocratie.

Après l'échec de la tentative de prise de pouvoir à Abidjan, les assaillants s'installent dans leur répit à Bouaké, la 2ème ville de la Côte d'Ivoire. Cette ville deviendra le fief de la rébellion pendant une décennie.

Dans ce contexte, la communauté internationale commence à s'inquiéter. Des appels à l'aide humanitaire et à la médiation se multiplient, alors que les pertes humaines et les déplacements de populations s'intensifient.
La Côte d'Ivoire, qui avait connu une période de prospérité, se retrouve ainsi à la croisée des chemins, entre guerre et réconciliation.

Les jours se succèdent, et la tension ne fait qu'augmenter. La lutte pour le pouvoir s'intensifie, et le pays se divise de plus en plus, plongeant les Ivoiriens dans un sentiment d'angoisse face à un avenir incertain.

Au fil des mois, la crise se transforme en un conflit ouvert, marquant le début d'une période tragique qui laissera des cicatrices profondes dans l'histoire de la Côte d'Ivoire.

Alassane Ouattara, alors président du Rassemblement des républicains (Rdr) et actuel chef d'État, échappe de justesse à une tentative d'assassinat, tandis que son aide de camp est abattu. Cette nuit-là, le musicien ivoirien Marcellin Yacé est également tué.

Dans un entretien donné en avril 2003, Dominique Ouattara, actuelle Première dame, évoque l'angoisse de cette période. Elle raconte avoir reçu un appel l'informant que le général Guéi et sa famille avaient été liquidés, et qu'une menace pesait sur eux. Malgré les assurances de sécurité, la situation devient critique avec l'arrivée de chars devant leur résidence. La famille Ouattara est contrainte de se réfugier chez l'ambassadeur d'Allemagne.

Alassane Ouattara, conscient des dangers, propose de se rendre pour protéger sa famille. Dominique, avec l'aide de proches, réussit à le convaincre de rester ensemble. À ce moment-là, ils sont tous au bord de la catastrophe, mais une intervention de la communauté internationale les sauvera in extremis.

Cette tentative de coup d'État qui s'est rapidement transformée en une rébellion armée, a divisé le pays en deux zones : le sud, sous contrôle gouvernemental, et le centre, le nord et l'ouest, aux mains des rebelles. Le Mouvement patriotique de Côte d'Ivoire, dirigé par Guillaume Soro, est alors accusé d'exactions par le gouvernement.

A ce niveau précis, on peut tenter d'expliquer en partie l'origine de la fortune actuelle des leaders de la rébellion.

Nous étions installés à Man, dans une villa qui fait face au peloton Mobile de la gendarmerie. Man est une ville capitale de l'ouest de notre pays qui était sous contrôle des forces rebelles.

Quand je dis ''nous'', il s'agit de l'équipe d'un certain Yao Kouassi Arsène dit Kpèzê dont j'étais devenu membre après que la structure qui m'avait embauché a mis fin au contrat qui nous liait.
Notre structure qui était installée à Man opérait dans le négoce Café-Cacao. Notre grand patron, un Libanais, était basé hors de la Côte d'Ivoire. Nous chargions plusieurs remorques de Café et de cacao qui partaient au Burkina Faso. Et les taxes que nous payions étaient assez colossales dans les caisses de la rébellion. Vous comprenez ?

Ce sont de très fortes sommes d'argent, des centaines de millions de franc CFA, que notre structure a pu verser à la rébellion comme taxes de transport de nos produits (café et cacao) vers le Burkina Faso. Alors qu'il y avait plusieurs structures qui étaient dans la zone.
Encore une fois, vous comprenez ?

Un jour, il y avait à Abidjan un match de football entre notre équipe nationale et celle du Cameroun.
Il semble que le score final a été match nul ou une victoire du Cameroun. Les forces rebelles étaient en joie de savoir que notre équipe nationale n'avait pas gagné.
On comprenait difficilement cette attitude des rebelles. Mais après quelques échanges avec certains éléments des FAFN c'est-à-dire Forces Armées des Forces Nouvelles, j'ai compris certains qui sont des Ivoiriens mais qui ne supportaient plus le pouvoir politique d'Abidjan.

Aboubacar a dit :

« Mon boss, il est difficile pour nous voir ou regarder avec amour et paix votre type qui est à la tête du pays au niveau d'Abidjan. Moi, je peux te dire que je serais parti directement en finir avec lui si je pouvais. Il a été trop mauvais…

Surtout lorsque les avions Shukoïs sont venus bombarder nos bases au niveau de Vavoua et ailleurs… »

Aboubacar était un jeune Ivoirien métissé qui s'est fait enrôlé dans les rangs des FAFN.

J'ai pu lui dire que ce n'est pas facile pour eux d'accorder le pardon aux hommes politiques du sud, d'Abidjan, mais qu'il doit comprendre que lorsqu'ils ont attaqué ce même Abidjan, ils ont aussi fait des victimes, des morts au niveau des militaires et au niveau des civiles.

La même douleur, le même mal qu'il récent est aussi éprouvé ailleurs, chez les autres.

C'est justement ce qui rend difficile la réconciliation.

Il est arrivé un autre jour où alors que nous écoutions une radio étrangère ; elle parlait du fait que ce pays voisin était devenu exportateur de produits agricoles. On s'est regardé les uns les autres sans mot dire.

On a compris que nos quotidiens sont à l'origine de ce type d'activités mis au profit de ce pays frère.

Mais bon, avec la réunification du pays, cette cérémonie qui a eu lieu à Bouaké, toutes ces pratiques sont finies, surtout que je suis rentré à Abidjan pour reprendre mes études…

Pour revenir au cas précis de la Côte d'Ivoire, malgré les accords signés pour tenter de rétablir la paix, la Côte d'Ivoire a continué de faire face à des violences pendant plusieurs années. Les escadrons de la mort et les assassinats de personnalités politiques étaient devenus fréquents.

Après une décennie de conflits, une nouvelle crise post-électorale éclate en 2010, faisant officiellement 3000 morts, à Abidjan, selon les Nations unies. Alassane Ouattara remporte les élections face à Laurent Gbagbo, mais ce dernier refuse de céder le pouvoir, plongeant le pays dans la violence.

Aujourd'hui, en 2025, on entend de plus en plus que cette version n'est pas forcément la vraie. Mais disons que c'est le passé, on ne peut plus rien changer.

Le souvenir du 19 septembre 2002 reste ancré dans la mémoire collective ivoirienne comme un symbole de tragédie et de division. Cette date rappelle les luttes politiques et les conséquences tragiques d'une quête de pouvoir qui a bouleversé le pays pendant des années.

J'ai entendu récemment certaines femmes dire à haute voix qu'elles ont perdu des parents, des maris lors des évènements tragiques de 2002 ; et qu'elles ne pardonneraient jamais, je dis bien jamais, à celui ou/et ceux qui sont à l'origine de ce massacre.

Notre passé est tellement lourd, complexe, rocailleux et difficile.
C'est là un schéma qui va rendre beaucoup plus complexe un autre chantier, celui de la réconciliation. Mais bon, on va voir…

2ème partie : Parole de folie

En 2002, les femmes ont perdu leurs amies, leurs parents, leurs enfants, leurs époux. Certains hommes ont perdu leurs collègues lors des évènements tragiques. Des enfants sont morts en marchant sur plusieurs kilomètres pour sortir de Bouaké et autres villes assiégées de l'intérieur du pays. D'autres femmes ont fait des accouchements en routes pendant qu'elles marchaient et ne s'en sont pas sorties.
Tout le pays était en pleurs par amour et par solidarité.

Ces personnes qui avaient gros sur le cœur et qui disaient qu'on ne pourra jamais leur demander un pardon acceptable. Ce lourd passé rendait la vie du futur assez complexe et douteuse. C'était des moments difficiles remplis de doutes et d'interrogations :
C'est quoi ça ?
Pourquoi même ?
Mais pourquoi ?
Qui est derrière tout ça ?
Avant de conclure : On va voir !

Véritablement, un grand calme, un semblant de paix s'est installé quand certaines nominations aux postes de ministre, directeurs généraux et autres ont été effectives dans le rang de ceux qui marchent et tournent avec le chef des rebelles devenu lui-même ministre.

Depuis combien d'années des intellectuels de tout horizon sont devenus ministres et autres cadres dans ce pays sans prendre des armes pour faire souffrir tant certaines populations ?
Quelles sont mes motivations réelles et profondes de ceux qui ont décidé de prendre les armes ?
Pour combien de personnes tant de cruautés et de crimes ont été commis ?

Et la dernière question : qui est donc le principal accusé ?

Pour nos amis qui sont à l'université, on comprenait et acceptait difficilement qu'un homme qui n'a jamais travaillé devienne directement ministre parce qu'il a pris des armes pour attaquer les populations et les forces de l'ordre.

Devenir ministre après avoir commis des crimes ? Les étudiants se posaient la question ouvertement à l'université :

Aux arrêts de bus, dans certains bus de transport d'étudiants, dans les amphithéâtres, aux restaurants universitaires.

Les jeunes se taquinaient ; d'autres se raillaient avec cette manière de réussir sa vie en passant par les armes. Ils disaient que ce n'est pas différent d'un braquage.

Une fois que les étudiants étaient assis dans les amphithéâtres ou dans les classes de TD (Travaux dirigés), et qu'ils échangeaient sur les sujets d'actualité, la conclusion ou la problématique principale posée était qu'ils ne comprennent pas cette manière de faire de certains leaders syndicaux du milieu estudiantin dont on préfère ici taire les noms.

Pourquoi et pour qui ce leader est devenu comme ça ? En tout cas, cela ne faisait pas honneur.

Au plan national, les choses sont allées ainsi jusqu'à la grande cérémonie de Bouaké où les armes ont été déposées et calcinées pour signifier symboliquement que les deux côtés du pays sont unifiés car « la guerre est terminée », dit-on.

Une jolie cérémonie présidée par le chef de l'Etat, le président Gbagbo Laurent lui-même. Désormais, il n'y aura plus de zone tampon.

Un match amical de football dit « Match de réunification et de paix » a même été joué sur le stade de Bouaké en présence de Didier Drogba qui est le plus grand footballeur international, et d'autres autorités politiques.

A la fameuse cérémonie de calcination des armes, on a vu le chef de l'Etat, le président Gbagbo Laurent porter le feu à un ensemble d'armes qui avaient été assemblées dans une caisse.

La caisse en question – cette caisse qui contenait les armes à bruler - était certes grande mais on se posait des questions :
Combien d'armes exactement avait-on réuni dans cette caisse qui a permis de les bruler ? Puisque les éléments des troupes rebelles devraient avoir un certain nombre fixe connu. D'ailleurs, posons cette autre question : Il y avait exactement combien de rebelles ?
Pouvait-on être sûr que les armes réunies là sont celles que les éléments des forces rebelles continuaient d'utiliser ou il s'agit simplement des armes qui sont désormais hors d'état d'usage ?

On sait tous que ces faiseurs de mal ne peuvent pas accepter - volontairement - de réunir toutes leurs armes là, pour être brulées devant les autorités, les caméras et journalistes du monde. Cette cérémonie n'est qu'un symbole.

Intellectuellement, surtout Africains que nous sommes, on pouvait déjà dégager des pistes de réponses aux interrogations.

Certains rebelles ne savaient ni lire, ni écrire. Ils ne pouvaient donc pas être des militaires de la république.
Ils savaient que la gentillesse ou la générosité de l'Etat ne pouvait pas leur offrir une place ou un poste pour lequel ils n'avaient pas les compétences. Puisque le niveau minimum exigé pour être militaire, c'est le CEPE : certificat d'études primaire et élémentaire. Mais ils ne savaient ni lire ni écrire la simple lettre alphabétique « a ».
Ils n'ont jamais mis les pieds dans une classe pour y suivre des cours.
Ceux-là, ils savaient que leur avenir se trouvait dans leurs propres mains.
Ils devraient donc pouvoir profiter des armes qu'ils ont eues ou en tirer quelque chose.

Ils vont repartir dans leurs champs, à leurs ateliers ou autres. Dans tous les cas, ils ont une arme et il faut le dire, une arme fait toujours peur. Lorsque plus tard, on va parler de fonds de démobilisation et réinsertion, c'est à ceux-là que ces fonds seront remis.

Il s'agit là de plusieurs milliards francs CFA qui vont être injectés dans ces dépenses dont on va dire « nécessaires pour la paix ».

Si le premier nom connu comme responsable de la junte des rebelles est Soro Kigbafory Guillaume, au fil du temps, d'autres ont commencé à être révélés aux populations.

Une autre analyse de la situation permettait d'affirmer que Soro Guillaume ne pouvait pas avoir les moyens financiers qui ont pu servir à former et équiper les rebelles.

Il est sorti de l'université de Cocody-Abidjan diplômé d'une Licence ou Maîtrise, en étant simplement leader de la Fesci.

Il n'a travaillé nulle part.

Comment pouvait-il avoir les moyens financiers pour monter une rébellion s'il n'y a pas quelqu'un d'autre caché derrière.

On aura compris que d'autres personnes financièrement assises sont cachées et constituent le soutien à Soro Guillaume dans son projet et sa réalisation de rébellion contre le pouvoir politique de Côte d'Ivoire dirigé par Laurent Gbagbo auquel ils avaient beaucoup de choses à reprocher.

La rébellion disait se plaindre pour des raisons religieuses.

Les rebelles disaient que la partie nord de la Côte d'Ivoire qui est en majorité musulmane était négligée sur le plan de la construction et du développement.

Comment cela pouvait être possible puisque la plupart des responsables politiques, ceux mêmes qui occupaient les plus grands postes, viennent du nord. C'est un argument fallacieux et mensonger. Il ne tient vraiment pas.

Secondement, les rebelles et leur patron Soro reprochaient aux Ivoiriens d'être tentés de ne choisir leur président que dans les groupes ethniques du sud et non parmi ceux du nord.

Le père de la nation, Félix Houphouët-Boigny, était de Yamoussoukro.
Henri Konan Bédié était de Daoukro.
Guéi Robert était de Man.
Gbagbo Laurent est de Gagnoa.

Tout cela et autres choses venaient donc justifier leur choix porté sur la personne d'Alassane Dramane Ouattara qui était supposé venir du nord, précisément de Kong. A-t-il un village dans la région de Kong et quel est le nom de ce village ?

La question soulevée était donc celle de sa nationalité ivoirienne. En clair, les uns et les autres se demandaient : Alassane Dramane Ouattara était-il né Ivoirien ?

Quand les étudiants de l'université veulent débattre d'un sujet, ils le font profondément et ils le font partout, c'est-à-dire dans les bus de transport, dans les amphithéâtres et salles de cours, dans les chambres des cités universitaires, dans les restaurants universitaires… Partout où ils se retrouvent, ils s'expriment.

Le sujet d'actualité était celui de la nationalité de nos leaders politiques. Ils regardaient désormais chacun avec un microscope qui permettait d'aller chercher les origines depuis son village natal pour venir l'étaler sur la place publique. Surtout que ces leaders eux-mêmes voulaient aussi convaincre les populations qu'ils sont effectivement Ivoiriens. Ils n'hésitaient pas à convier les journalistes pour exposer à la presse leur originalité.

Plusieurs questions étaient à la ligne de départ de cette campagne électorale qui se profilait.

Trois grands partis étaient installés à cette ligne de départ. Chacun d'eux visait de gagner cette élection en sachant que ce n'était pas possible au premier tour. Dès lors, le jeu d'alliance serait inévitable.

Un article que j'ai rédigé et que j'aurais voulu publier mais qui est resté dans mon ordinateur était intitulé :

Côte d'Ivoire : La guerre des frères aura-t-elle lieu ?

Avec deux puces que sont :

- Que l'enjeu ne soit pas un ''fils prodige'' !
- Qui va tendre la main à qui ?

Joliment… posons-nous une petite question : Comment s'y prendre pour atténuer la jalousie inhérente à toute relation à la fois humaine et fraternelle ? Autrement, la jalousie que vous avez connue juste au moment où le père fondateur venait de partir, est-elle devenue adulte? C'est à savoir si la guerre des deux ou trois frères -pour être complet - aura lieu !

Comment éviter qu'un jour la jalousie ne s'installe chez nos enfants et chez les plus grands, les frères ; et ne perdure une fois qu'ils seront devenus adultes plongés dans la politique?

Voilà une voie par laquelle nous allons essayer de vous fournir quelques clés pour que la saine émulation ne se transforme pas en une implacable rivalité qui dure sur plusieurs décennies.

La première question est : Comment y arriver ?

Comment ne pas favoriser un enfant et qui est cet enfant ? Comment éviter d'avoir un chouchou ? Comment faire pour que les enfants trouvent leur place sans que la relation fraternelle ne se transforme en guerre de la façon Abel et Caïn ou entre Pierre et Jean.

Nos amis et frères nous diront quelles sont les erreurs à éviter !

Nous vous donnerons quelques clés pour que les relations entre les amis et frères d'hier soient les plus harmonieuses possibles. On espère que Dieu vous aidera à nous répondre !

Un pan de la vérité est qu'à la mort du père, les frères furtifs n'ont cessé de se disputer son héritage qui ressemblait bien à un trône républicain. Un véritable conflit ouvert qui ébranle toute l'économie sociétale du pays.

On s'est alors dit : « Il faut que cela cesse. Ne s'agit-il pas d'une question d'intérêt national ? » Que de menaces n'avons-nous pas entendues ?

En un jour de décembre, le père président de l'Assemblée nationale qui ne mâche pas ses mots livre un message funeste qui a fait couler les larmes à ma grand-mère : Le président Félix Houphouët-Boigny vient de rendre l'âme.

Il faut dire que son parcours et sa réussite sont proprement spectaculaires. Son destin prend un tour nouveau le jour où il se rend compte que l'argent utilisé pour frapper les pièces locales a plus de valeur que les pièces elles-mêmes ! Il entreprend alors de fondre toutes les pièces sur lesquelles il peut mettre la main et de revendre l'argent à des changeurs.

Ce trafic lui assure un profit de plusieurs millions voire milliards de franc CFA dans le climat général de la dévaluation dont on ignore la cause.

 Les deux caractères antagonistes étaient inévitables.

C'est en 1993 que la guerre avait commencé à faire ses premiers pas. C'est aussi l'année où le monumental père fondateur, Félix Houphouët-Boigny, s'en est allé à une date importante de l'histoire de notre patrie indépendante qui dépend de...

Cette année-là, c'est aussi au tour du deuxième fils du père, pondu d'on ne sait où, celui-là même qui est super diplômé – dit-on - de la gestion de la monnaie sonnante et trébuchante, de se sentir un destin de président de république. Dès lors, les deux grands frères qui n'ont guère de point commun engagent donc le duel à épée.

Une guérilla quotidienne ne pouvait que s'ouvrir.

Lorsque le père « Boigny » pour dire « bélier » meurt, en 1993, les actions du groupe d'opposition sont réparties, comme le veut la loi nationale et les deux fils. Est-ce une mauvaise donne de dire qu'ils ne pouvaient pas, ni ne peuvent, travailler ensemble ? Les camps ont commencé à se former avec des partenariats qui ne disent pas leur nom.

D'emblée, l'un des fils refuse d'être soumis à l'autorité de son frère, réclamant la mise en place d'une coprésidence presque. Une solution que refuse évidemment son frère ; au point de lancer contre lui un mandat d'arrêt. Et ses partenaires savent bien l'aider dans ce genre d'actions…

Contrairement à ce qui a pu se passer dans d'autres groupes, le conflit entre les deux hommes ne porte pas que sur la stratégie. Il s'agit uniquement d'un conflit politique, d'un conflit de pouvoir qui, au fil des années, dégénère au point de susciter l'agacement des plus hautes autorités de l'Etat.

C'est cette bataille qui durera jusqu'en 2010 - date à laquelle les deux frères se réconcilieront officiellement, allant jusqu'à se serrer la main en public – contre l'autre frère pour le second tour ; contre l'ennemi commun ?

C'est une multitude d'escarmouches qui fait la joie de certains éditorialistes bleus. Un jour, c'est le grand-frère qui retire au jeune la direction du groupe. Un autre jour, c'est le petit frère qui annonce la création d'une nouvelle usine dans les activités d'énergie dont il a la charge, s'attirant une cinglante mise au point publique de son aîné; quelques années plus tard, c'est au tour des opposants de critiquer les méthodes de management du frère.

Cette guérilla quotidienne ou annuelle amuse le public et finit par consterner les éditorialistes. Mais elle a aussi des conséquences bien réelles sur la conduite du peuple.

Ne sachant plus très bien à quel saint se vouer, les grands cadres de la maison gèlent nombre de projets.

A l'étranger, les péripéties de la querelle sont régulièrement suivies par les journaux et radiodiffusions « pkapkato ». Le cours de l'action lui-même cesse de progresser, pour la plus grande inquiétude des petits porteurs. Pendant un certain nombre d'années encore, industriels, financiers et hommes politiques cherchent à mettre les frères d'accord. En vain finalement, faut-il se demander !

La guerre des frères ennemis : incompréhensions entre héritiers ?

Il y a un vieux proverbe qui sonne comme une métaphore de mon village qui dit qu'on ne peut jamais cacher le soleil de la main. La rivalité entre les frères est ancienne, comme en témoigne la version de la dramatique gouvernance par alternance à laquelle nous avons été tous témoins.

Aujourd'hui il y a des coïncidences bien programmées. Là où l'un est, l'autre ne s'y aventure pas. Ne demandez pas aux deux frères d'être à la fois et presqu'ensemble à la basilique de Yamoussoukro ; à des funérailles d'une autorité politique décédée ou à une ouverture de congrès. Suivez bien mon regard et il est récent !

N'écoutez pas les menaces envoyées à l'un et à l'autre et vice versa par personnes interposées.

Au lieu de répondre à une question qu'on ne t'a pas posée, dites avec moi « Amen ! » pour confier le sort du pays à Dieu. La question-constat est la suivante : savent-ils s'aimer comme ils savent se haïr ?

En attendant la fin du mandat III d'Alassane Dramane Ouattara, nom au complet qui donne ADO comme diminutif, mandat que ceux qui piaillent nomme « premier mandat de la seconde république », depuis son indépendance jusqu'à nos jours, de 1960 à aujourd'hui, d'Houphouët-Boigny que tous regrettent à Ouattara Alassane, différents régimes se sont succédé au pouvoir ou au sommet de l'Etat, mais ils se ressemblent tous. Comme ils finissent presque tous par le même sort.

Et c'est ce que nous appelons LA POLITIQUE. D'où le fou de la politique ! Cette politique qu'un proche - depuis son opportun fauteuil de l'Assemblée nationale - définit comme « l'art du mensonge, l'art de ne pas dire la vérité ». Ne dites pas « oh honte ! » Un égoïsme qui porte de masque d'homme. Frère aîné, je n'en tire aucune fierté !

Notre art littéro-romanesque leur demandera une seule chose ; celle qui consiste à faire en sorte que l'on ne revive pas les péripéties de la fameuse crise postélectorale 2010-2011 et ses 3000 morts enregistrés.
Redites avec moi « Amen ! » pour cette prière.

On a eu une certaine habitude à dire qu'on n'aime pas les films d'horreur comme on n'aime pas les mauvais souvenirs.
Et la crise postélectorale de 2010-2011 n'est pas à revivre.

De nos nombreux écrits, on peut revisiter celui-ci :

Crise postélectorale ivoirienne 2010-2011

Après la libération de Laurent Gbagbo et Blé Goudé, la cour pénale internationale (CPI) enquête toujours sur le camp d'en face, le camp pro-Ouattara.

Avec une puce :

- Un père et son fils libérés ; un père et son fils vont-ils entrer ?

Le procureur de la Cour pénale internationale (CPI) vient de confirmer qu'il enquête toujours sur les événements de 2010 et 2011, en Côte d'Ivoire. Cette information est officielle grâce à la radio française internationale - RFI - depuis le 15/11 de 2022.

Le premier volet de cette enquête avait débouché sur l'émission de trois mandats d'arrêt contre Laurent Gbagbo, son ex-épouse Simone et Charles Blé Goudé.

Interpellé début octobre par l'Observatoire ivoirien des droits de l'Homme, le procureur a confirmé qu'il enquête également sur d'éventuels crimes commis par le camp pro-Alassane Ouattara, mené par son fils à cette époque, Kigbafori Guillaume Soro. Cette information a été donnée par la correspondante à la Haye, Stéphanie Maupas.

À l'ouverture du procès de l'ancien président, en 2015, le Procureur avait promis d'enquêter sur les crimes commis dans les deux camps, celui de Laurent Gbagbo et l'autre, Alassane Dramane Ouattara.

Interpellé début octobre par l'Observatoire ivoirien des droits de l'Homme (OIDH), le procureur confirme qu'il enquête toujours sur les violences de 2010 et 2011, car parlant de violences, il y en avait eu dans la zone rebelle !

En exemple, ne citons même pas les forces militaires de Côte d'Ivoire entassées dans un conteneur à Bouaké.
Quelle atrocité !
Ainsi, depuis des années, le bureau du procureur confirme l'existence d'une seconde enquête portant sur les crimes commis par les opposants à Laurent Gbagbo, c'est-à-dire les ex-rebelles proches d'Alassane Ouattara, menés en 2010 et 2011 par Guillaume Soro, le bon enfant du ''père'' au moment où ils s'entendaient si bien !

Cependant, plus de dix ans après les événements, aucun mandat d'arrêt n'a été émis ; ce qui, régulièrement, suscite les interrogations en Côte d'Ivoire et les spéculations sur l'existence éventuelle de mandats conservés sous scellés, au secret.

Notons-le, la justice n'oublie jamais…

Dans son courrier adressé début novembre à l'OIDH, Karim Khan confirme donc que cette enquête est toujours en cours. Elle serait même « en phase avancée », avait affirmé son bureau, il y a plus d'un an...

Les lenteurs de ce second volet des enquêtes ivoiriennes du procureur s'expliquent. Pendant longtemps, le bureau du procureur y a consacré très peu de moyens.

Au départ, l'accusation s'est concentrée sur les crimes commis par le camp pro-Gbagbo. Puis, faute de coopération claire, ses enquêtes ont été ralenties. Très rapidement après la livraison de l'ancien président à La Haye, les autorités ivoiriennes ont affirmé pouvoir mener les procès devant leurs propres tribunaux et ont refusé de coopérer avec la CPI.

Début décembre, les États membres de la Cour doivent voter son budget pour l'année 2023. Le procureur réclame plus de 2 millions d'euros aux États pour poursuivre ses enquêtes en Côte d'Ivoire. Une chose presque sûre, la somme nécessaire sera trouvée et le travail sera fait. Vers la fin, cela va ressembler à un schéma du genre « un père et son fils sont sortis, un père et son fils s'apprêtent à entrer » !?

Ils vont en rire, les Ivoiriens…

Le temps est-il vraiment le second nom de Dieu ?

On pose la question aujourd'hui parce qu'avec le temps qui passe, les langues commencent à être déliées. Au point qu'on se demande : « Qui a gagné ? »

Apparemment, on ne saura jamais la vérité.

Pas parce qu'elle n'existe pas, mais voilà une élection présidentielle à laquelle les deux candidats ne peuvent pas gagner. Ou alors plus d'une décennie après, on peut partager la victoire à tour de rôle. C'est exactement ce qu'il faut faire aujourd'hui.

Le plus important, le véritable enjeu n'est plus les élections qui ont provoqué 3000 morts lors d'une crise; mais cette prochaine élection présidentielle.

C'est-à-dire la prochaine élection présidentielle des années à venir. (La redondance ici est voulue). Puisque chaque cinq ans, il y aura élection présidentielle.

C'est là où Dieu regarde l'homme qu'il a créé et doté d'intelligence. Dieu ne veut plus revenir sur la terre.

Il dit qu'il a fait venir Jésus et après Jésus, le Saint Esprit. Cet esprit saint est constamment avec nous. Dieu nous parle à travers ses serviteurs. Si nous savons écouter et suivre, nous serons sauvés.

Si non, nous continuerons de souffrir et mourir. Dieu s'adresse là à tous les hommes ; les hommes de la terre, les hommes de tous les pays, les hommes de tous les continents, les hommes de toutes les races ; à toute l'humanité.

Dieu a fini de parler là où le fou vous a perlé.

Comment l'homme, cet homme du pays et du monde entier, va utiliser cette intelligence ?

Comment l'homme du monde entier va utiliser son intelligence pour éviter de mourir et faire mourir les autres ?

Fin

Définitions de la politique

1. Ensemble des options prises collectivement ou individuellement par les gouvernants d'un État dans quelque domaine que s'exerce leur autorité (domaine législatif, économique ou social, relations extérieures) : La politique économique de la France.

2. Méthode particulière de gouvernement, manière de gouverner : Politique libérale, autoritaire.

3. Moyens mis en œuvre dans certains domaines par le gouvernement : Politique de l'emploi, des prix.

4. Manière concertée d'agir, de conduire une affaire : La politique commerciale de la maison.

5. Manière prudente, fine, avisée d'agir : Ménager quelqu'un par pure politique.

SYNONYMES : calcul - diplomatie - stratégie - tactique

La **POLITIQUE**[1], adj. et subst.

1. ... l'information a pour nature et pour objet de faire *participer* l'individu à la vie sociale par la connaissance, afin de lui permettre d'y participer de manière plus lucide et plus consciente par l'action : à cet égard, elle est essentiellement « **politique** », au sens plein du mot − l'homme est un «animal politique» − que son contenu soit politique *stricto sensu*, économique, religieux, scientifique, etc, ou purement «événementiel» (faits « divers » de tous ordres). SALLERON, *Comment informer*, 1965, p. 10.

♦ *Animal politique. Condorcet ou Saint-Simon, écrivant aujourd'hui sur le sujet qui occupait Platon dans sa* République, *prendraient pour fanal, non pas le principe que l'homme est purement un être* raisonnable et sociable, *ou, comme disaient les anciens, un* animal politique, *mais le principe que l'*homme est perfectible, *et que* la société humaine est perfectible (P. LEROUX, *Humanité*, 1840, p. 151).

Que veut dire « l'homme est un animal politique »?

Cela signifie que l'homme ne peut vivre qu'en société, par conséquent que l'autonomie de la volonté est soumise à des lois sociales (SCELLE, *Fédéralisme eur.*, 1952, p. 2).V. *supra* ex. 1.

♦ *Arithmétique*politique. Arithméticien politique.* Spécialiste d'arithmétique politique. *En France, le meilleur « arithméticien politique » est, sans doute, Lavoisier qui évalue le revenu national et compare la structure des consommations aux besoins de la population (Hist. sc.*, 1957, p. 1609).

– *Économie politique* (usuel). V. *économie*[1]B.

2. Qui concerne chaque État considéré sur le plan administratif comme une entité souveraine. *Cette méthode, suivie par mon maître P. Vidal de La Blache, est clairement exposée dans la* préface *de son* atlas : *« La carte politique du pays à étudier est accompagnée d'une carte physique... etc.* » (BRUNHES, *Géogr. hum.*, 1942, p. 11).

Un simple coup d'œil sur les religions nous laisse entrevoir de profondes différences : leur lien peut être déterminé par la nature : famille, clan, tribu; ou par la géographie politique : village, cité, nation (Traité sociol., 1968, p. 80):

2. Conflits ou rencontres pacifiques, l'effet de ces rapports a été de mettre en branle les forces vives de la géographie **politique**. Nulle contrée [celle correspondant à la Belgique] n'a subi plus de vicissitudes, plus d'attractions en sens contraire; n'a vu plus de remaniements territoriaux. Les frontières **politiques** n'ont pas cessé de varier. VIDAL DE LA BL., *Tabl. géogr. fr.*, 1908, p. 58.

B.– Relatif aux affaires de l'État et à leur conduite.

1. [Sans valeur de caractérisation] *Aspect, caractère politique de qqc.*

a) [Le déterminé évoque un élément du cadre institutionnel]

α) [Le déterminé fait réf. à l'exercice du pouvoir] *Direction, choix, fonction politique. La prérogative, usurpée par d'autres chefs inférieurs, de partager seuls l'autorité politique, et d'exercer les fonctions du gouvernement, comme celles de la magistrature* (CONDORCET, *Esq. tabl. hist.*, 1794, p. 32).*Sur le seuil de la carrière politique, j'avais peur de manquer de lumières et de prendre parti à l'aveugle* (REYBAUD, *J. Paturot,*1842, p. 336):

3. ... l'État n'est plus en mesure de remplir son rôle fonctionnel fondamental : être le centre dont émanent des décisions respectées par tous. D'abord les décisions **politiques** essentielles n'émanent plus de l'État

: en 1956, il se soumet à la rue algéroise, puis aux initiatives de ses commis civils ou militaires. BELORGEY, *Gouvern. et admin. fr.*, 1967, p. 30.

Illustrations/images

Il y a 21 ans, Général de Brigade Gueï Robert , formait son Gouvernement

Le gouvernement du CNSP, après le premier coup d'Etat de Côte d'Ivoire contre Henri Konan Bédié, Président.

Image de la rébellion du 19 septembre 2002, en Côte d'Ivoire

Bibliographie

Le Monde : https://politiqueinternationale.com/revue/n88/article/cote-divoire-le-general-pere-noel. Consulté le 12 janvier 2025.

https://www.lemonde.fr/archives/article/1999/12/29/le-nouvel-homme-fort-de-la-cote-d-ivoire-met-a-contribution-les-partis politiques_3596183_1819218.html;_consulté le 13 janvier 2025.

https://www.fratmat.info/article/1009507/politique/19-septembre-2002-19-septembre-2024-un-souvenir-tragique-dun-septembre-noir; consulté le 12 janvier 2025.

Résumé

Des différentes définitions que l'on peut donner à la politique, celle qui paraît la moins bonne serait « l'art du mensonge, la roublardise et les contrevérités pour se construire une vie prospère ».

Les peuples - selon les pays et continents - se sont taillé une image des leaders en s'inspirant de leurs vécus. Une interrogation vient réveiller les uns et les autres : Doit-on continuer à laisser ainsi faire les choses pour, finalement, respectivement compter et enterrer les victimes et les morts ?

Chacun est invité à y répondre selon son éducation, sa culture et tradition, son ambition et les objectifs fixés.

Le fou de la politique ne craint point de s'exprimer…

Table des matières

Printed by Books on Demand GmbH, Norderstedt / Germany